Cada que te veo, palpito
Guía básica (y unisex) para alburear

Primera edición: febrero, 2018
Primera reimpresión: mayo, 2018
Segunda reimpresión: mayo, 2018
Tercera reimpresión: agosto, 2018
Cuarta reimpresión: noviembre, 2018

D. R. © 2017, Lourdes Ruiz
D. R. © 2017, Miriam Mejía

D. R. © 2018, derechos de edición
mundiales en lengua castellana:
Penguin Random House Grupo Editorial, S. A. de C. V.
Blvd. Miguel de Cervantes Saavedra núm. 301,
1er piso, colonia Granada, delegación Miguel Hidalgo,
C. P. 11520, Ciudad de México

www.megustaleer.com.mx

D. R. © 2017, Andres Mario Ramírez Cuevas,
por el diseño y las ilustraciones

Penguin
Random House
Grupo Editorial

ISBN: 978-607-316-190-9

Impreso en México – *Printed in Mexico*

El papel utilizado para la impresión de este libro ha sido
fabricado a partir de madera procedente de bosques y plantaciones
gestionadas con los más altos estándares ambientales, garantizando
una explotación de los recursos sostenible con el medio ambiente
y beneficiosa para las personas.

CADA QUE TE VEO, PALPITO

PALPITO

Guía básica (y unisex) para alburear

LOURDES RUIZ
aka La Reina del Albur
Y **MIRIAM MEJÍA**

Grijalbo

Ahí les va la
introducción/10

1. Así funciona
el asunto.../16

2. De aquí proviene/28

3. ...y así funciona
también/40

4. Galería del albur 1
· En verso
· Onomásticos
· Geográficos/52

5. Enriquezca
su vocabulario/62

6. Hablando
de apodos.../78

índice

7. Galería del albur 2
- **Culinarios**
- **Dialogados/86**

8. Dichos, chistes, adivinanzas y otros menesteres/106

9. Galería del albur 3
- **Variopintos**
- **Palíndromos**
- **Pajareros/146**

10. Entonces quedamos en que el albur funciona.../156

Epílogo: albureando, que es gerundio/176

Ahí les va la introducción

Sean bienvenidos, damas y caballeros; reciban de mi parte una gran acogida. Si ya saben alburear, se van a divertir mucho leyendo este libro, y puede que hasta se aprendan algunos albures nuevos; pero en especial si no saben, si ya han pasado por la frustración de pedirle a alguien que les explique cómo se alburea y la respuesta ha sido una serie de expresiones que ni entendieron y de "explicaciones" bastante confusas, entonces van a divertirse mucho más y aquí van a aprender por fin que, como de seguro se imaginan, el albur es pura diversión.

Sí: pura diversión. Lo repito porque creo que todavía hay antropólogos, sociólogos, opinionólogos y otros ignorantes en general que siguen clavados con que el albur es un combate verbal de clara intención homosexual, donde el objetivo es penetrar, humillar, sobajar y someter, pero será bueno que no les hagan caso. O sea que tírenlos de a locos, pues. ¿Qué van a saber ellos, si a leguas se les nota que sólo escucharon albures de camino a sus universidades, y eso nomás porque se les ocurrió bajarle a la ventanilla del auto? Si supieran el alto aprecio por el albur que expresaron por escrito personajes tan notables como Alfonso Reyes y Octavio Paz, y eso nomás para que se den un quemón, se quedarían perplejos...

Pero en fin, como les iba diciendo, sean bienvenidos.

Conforme avancen en la lectura de este libro tendrán motivos para agasajarse, porque les voy a compartir a calzón quitado mi más grande orgullo, todo lo que atrás tiempo aprendí y he ido perfeccionando a lo largo de años gracias al interés que la gente ha mostrado en el tema, como puede constatarse, por ejemplo, por la nutrida concurrencia al diplomado en albur fino que llevo años impartiendo. ¿Cómo no compartirlo, si debe ser orgullo nacional del mexicano? Además, en boca de los extranjeros no desentona, sino al contrario, les inspira y hasta le hacen arreglos.

No espero ser agasajada por varios miembros que me lean, con uno que se porte bien y le guste lo que hago, me quedo satisfecha; pero mejor, como ya estamos aquí, de puro gusto que venga el mariachi, me toque "La negra" para ponerme en ambiente, y que me la baile o de menos me dé tono para vocalizar. Y ahora sí, ya entonada, les voy a dar la primera lección, pues aunque no soy poeta ni en el aire las compongo, puedo afirmar que lo que yo enseño es como la poesía para el mexicano, quien por tradición declama su primer verso en la escuela y se lo hace a su madre, nada más que ahí le rompen toda la... inspiración cuando le meten en la cabeza que ser poeta no es negocio, porque a veces tendrá que conformarse con comer tortilla y chile y otras veces ni para tortillas, el puro... sentimiento les va a quedar y, así con qué ánimos aprender. Igualito pasa con lo que les quiero enseñar: muchas personas se espantan y otras se reprimen, pero hay quienes se dejan ir y por ellos estoy aquí, por los que no se quedan con las ganas y se abren para quitarse esos complejos que por años se les han asentado.

Así que prendan motores para calentar, que ahí les voy, ¡dejen les meto velocidad! Por cierto, les quiero sacar a relucir desde el principio que todos tenemos un alburero fino dentro de nosotros, pero hay quienes tienen un pelado adentro, y ése es el que no deben sacar, al menos no conmigo, porque en albures me agarran con experiencia.

No te preocupes si de chico (o de pequeña) te comían en albures y te reventaba no poder contestar; estás con la persona indicada para cambiar eso, porque ahora de grande te voy a meter a clases (procuro enseñar en público, aunque la verdad prefiero que sea a domicilio, pagan más) y con ponerle empeño en unas cuatro horas te pongo como campeón.

RECUERDA:

lo importante
en esta vida
no es crecer
sino dar el ancho,
y tú ¡lo vas
a dar de ahora
en adelante!

1. Así

funciona el asunto...

Como dijo el padre Bruno
En una famosa carta:
"Cuando el culito es para uno,
Solito viene y se ensarta".

Desde luego, vas a darte cuenta de su intención pícara y de su propósito de ser gracioso, pero probablemente consideres que el tercer verso contiene una grosería que lo vuelve vulgar. En cambio, si lo cambiamos a "Cuando **aquellito** es para uno", la cosa mejora, pues hemos evitado la "palabrota" y, si te fijas bien, como la palabra en rojo es ambigua, el significado se ha vuelto, por decirlo así, unisex. Aquellito vale tanto para lo femenino como para lo masculino. Quedaría así:

Como dijo el padre Bruno
En una famosa carta:
"Cuando **aquellito** es para uno,
Solito viene y se ensarta".

Ahora bien: en el ejemplo anterior hay picardía mexicana, pero no hay albur. Lo he utilizado aquí para ir entrando en materia y porque sirve para ilustrar una de las condiciones del albur: **la finura**. Todo aquello que nuestras venerables madres, nuestros respetables abuelos, la sociedad en general considera groserías, leperadas, palabrotas, **debe evitarse siempre al alburear.** Para ello hay diversos recursos, como el **eufemismo,** que acabamos de ilustrar: consiste en dar a entender una palabra inaceptable o censurable mediante el uso de otra socialmente aceptada. **Aquellito** en vez de **culito**, pues.

Vamos con otro ejemplo, ahora sí con albur. Supongamos que contestas el teléfono y al otro lado de la línea alguien pregunta:

¿Se encuentra Benito Camelo?

Por si no lo habías notado, te están albureando; para entenderlo debes interpretarlo así:

Benito Camelo

Ben i tocamelo

Ven y tócamelo

O sea que, disfrazada de nombre propio, te acaban de endosar una frase con intención sexual... ¿o qué crees tú que te están sugiriendo ir a tocar? Incluso podría cambiarse el supuesto nombre por Benito Camel**a** (**Ven y tócamela**) sin alterar la intención. Y ésa es otra de las condiciones del albur: debe ir dirigido a alguien específico y **su intención es siempre sexual**; para alcanzarla se vale de la insinuación erótica, con todas las opciones del cuerpo y las acciones y reacciones que de él emanan. Por cierto que, como podrás notar, este albur es completamente unisex, gracias a que **tócamelo** (o **tócamela**) pueden referirse a toda una serie de zonas corporales, masculinas o femeninas. Habrás notado que **no es importante la ortografía**; ello porque el albur nació y vive en la palabra hablada, en el intercambio oral, de viva voz, aunque, desde luego, también puede pasar con buena fortuna, como ahora, a la palabra escrita. Y por último: aquí no hay eufemismo, como en el ejemplo anterior; yo diría que más bien hay **camuflaje**: una frase provocadora disfrazada de expresión inocente.

Vamos a un tercer ejemplo; ahora te pido que imagines este diálogo:

—¿Sabes adónde queda San Jasmeo?

—¿Qué no es allá por San Buto el Grande?

—Claro: adelantito de San Casteabro.

Donde quedan ilustradas otras condiciones del albur. Para comprender cómo estuvo la movida es buena idea dividir en sílabas:

–¿Sabes dónde queda San Jasmeo?

(san-jas-meo

= zanjas meo = penetro y eyaculo)

–¿Qué no es allá por San Buto el Grande?

(san-bu-to-el-gran-de

= zambuto el grande = te meto mi gran pene)

–Claro: adelantito de San Casteabro.

(san-cas-te-a-bro

= zancas te abro = te abro las piernas para...)

Como ya se dijo, la expresión alburera pide sexo, viene con camuflaje y no le importa la ortografía ni la correcta división silábica; ahora hay que añadir dos cosas. Una, que divide el mundo en lo penetrante y lo penetrable: en la primera línea del diálogo, por ejemplo, zanjas es lo penetrable (cualquier orificio corporal); en la segunda, el grande (el pene, el dedo) es lo penetrante. Y dos: que la práctica alburera nos va enseñando tanto nuevas palabras como nuevos modos de usarlas: en la tercera línea, zancas, una palabra casi en desuso, sustituye a "piernas"; en la primera, "meo" no es simplemente una conjugación del verbo mear, sino una alusión a otro líquido corporal: el semen.

Pero, como dijo el descuartizador, vayamos por partes.

No quiero empujarte toda la información de una vez, así que dejémoslo así por ahora; más adelante iré ilustrando otras formas y condiciones del albur; además, en los siguientes capítulos te iré dando numerosos ejemplos de albures picudos para que vayas agarrando la onda y aprendiendo a meterlos poco a poco en tus conversaciones; mientras tanto, establezcamos algunos puntos que también iremos revisando:

1. El objetivo de esta sana diversión oral es lograr un diálogo donde infiltraremos frases con intención sexual disfrazadas de cualquier otra cosa (en los ejemplos vistos, nombres propios o nombres de localidades).

2. Ese diálogo implica dejar a un lado la mojigatería y la hipocresía.

3. También pide hacer uso del ingenio, de nuestro conocimiento de las palabras y de nuestra capacidad de respuesta.

4. El albureo es como un debate amistoso y humorístico donde la libertad verbal da lugar a un estira y afloja de palabras en apariencia inocentes, pero en realidad impregnadas de intenciones.

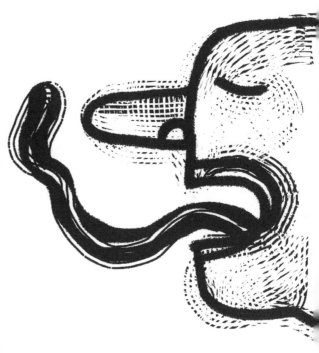

5. No se trata de vencer y humillar al contrincante, sino de estimularlo para que se aplique a toda neurona en continuar el duelo y ponerle más chispa.

6. Aunque tradicionalmente el albur ha sido una especie de coto o reino masculino, son cada vez más las mujeres que aprenden sobre el asunto e incluso resultan más hábiles que los hombres en tales menesteres. No olvidemos que "macho" se escribe con "m" de mujer y atrás, al lado, adelante o como sea siempre hay una mujer... es más, para que se acuerden, ¡denle un beso a la que les dio la vida!

Dicen que las mujeres no podemos alburear porque es un juego que se ríe de la incapacidad para defender la "hombría" a través de la palabra (créanme, yo también lo hago), pero el caso es que los albures entre hombres son como duelos de espadazos, y aunque en el albur siempre se trata de "ensartar" a alguien, lo que realmente entra en acción no son los genitales, sino las neuronas... y en ese terreno, no hay género ni ventaja que más valgan.

Más de una vez he visto que los integrantes del género masculino no quieren (o no saben) explicarles los albures a las mujeres porque "son cosa de hombres", y a mí más bien me late que no quieren darlas por temor a que los traicione el inconsciente, ¡pero qué tal se descaran cuando los traiciona el culo!

En fin, los hombres pueden penetrar, pero las mujeres tienen más capacidad de orgasmos y en las manos diez poderosas razones que también pueden disfrutar, ¿o les parecen demasiadas? Ahora bien, si les menciono todo esto tampoco es para que se agüiten y digan por eso ya no vamos a jugar o releguen la picardía por la hipocresía... ¡no! El humor siempre es bueno para ironizar el horror citadino, miren que nos hemos olvidado de reír y la vida es para divertirse, no se la tomen tan en serio.

Sólo quiero que sepan que las mujeres también podemos entrarle al albur, y si lo igualamos con una esgrima o boxeo verbal, ustedes sólo lancen un recto; les aseguro que se los cabeceamos hasta cruzarlo, o más fácil, échennos unas frases y seguro se las vamos a rimar.

Y para esas mujeres que se preocupan porque "se tragan todo" por no entender, al contrario: ¡qué rico!, únicamente recuerden que el albur es el sismógrafo de la experiencia sexual y la mía es muy amplia; ¿la de ustedes no? Total, en lo que cabe están bien y en lo que no... ¡cómo duele!

P.D.:
Recuerden que es mejor salir sobresaltados que salir sobrecogidos.

Y cuídense de las mujeres que leemos, ¡somos peligrosísimas!

2. De aquí proviene

Aquellos que piensan que el albur no tiene matriz cultural, déjenme decirles: sí la tiene, y además, grande y muy bien arraigada. No voy a hacer que la conozcan toda, pero sí les daré algunos datos. Para empezar, la palabra es de origen árabe. En la Edad Media, los árabes de España gustaban de un pez de agua dulce que se encuentra en el Nilo: el buri, que tiene la característica de brincar de pronto, sorpresivamente, fuera del agua, y si el pescador está atento, aprovecha para atraparlo en sus redes. Como en árabe *el alburi* se dice **al-buri**, no tardó en utilizarse la palabra *alburi* (y de ahí, obvio, **albur**) para otros menesteres; por ejemplo, en el juego de baraja de dos jugadores donde quien reparte abre dos cartas (las cuales en sentido figurado serían el pez que salta por sorpresa) y el contrincante decide a cuál le apuesta (es decir, la captura). Ese juego llegó hasta México y todavía se practica; como dice Chava Flores en su canción *Cerró sus ojitos Cleto*:

> Se pusieron a jugar a la baraja
> y la viuda en un albur… ¡perdió la caja!

Donde "caja", por supuesto, es un eufemismo.

Otra versión es la
del Diccionario Espasa-Calpe
de 1979, donde dice que
la palabra proviene del árabe

al-b

ur, que significa: "el acto de someter a prueba alguna cosa".

Someter es un verbo duro, pero nos abre un criterio más amplio, porque... ¿a poco no es mejor poner a prueba algo antes de cogerlo? (si te lo permiten), y aunque ya pasamos la puntita de esta raíz cultural aún falta algo, por eso nos vamos con el Diccionario de la Real Academia Española, que sostiene:

bur **es un** "juego de palabras de doble sentido", o bien "un evento cuyo resultado es azaroso".

En México, además de lo que llevamos ya dicho, la palabra se usa para decir que no estás seguro de lo que va a pasar, pero de todos modos lo vas a hacer esperando que la suerte te favorezca: te vas a jugar el albur.

En cuanto al doble sentido con intención sexual, ya lo practicaban culturas indígenas como la azteca o la maya; lamentablemente nos han quedado escasos vestigios de ello. Más abundantes son los textos pícaros que nos llegaron de España en el periodo colonial, como éste, de autor anónimo:

Señora, dadme un poquito
deso que tenéis guardado,
a un pobre que no ha almorzado,
no por falta de apetito,
que algún día me vi ahíto
de lo que hoy me tiene a diente,
de carne cruda y caliente,
que es propio manjar del hombre.

Por las casadas tiernas
peno y muero de continuo,
que tienen hecho el camino
a las oscuras cavernas;
que saben abrir las piernas,
y hacen cierto cernido
sin que lo sepa el marido,
porque así se bate el cobre.

Hasta la Décima Musa mexicana, sor Juana Inés de la Cruz, le entra a estos menesteres, como podrá notarse:

Y a tanta malicia llega
Malicia tan conocida,
Que me niega la partida
Y la venida me niega.

Pero quizá el fragmento que más me gusta (y al grueso de la población también, según me han dicho) de esta monja poeta, donde dilucida sus más oscuros deseos y profundas aspiraciones, es:

No te des a las congojas,
aunque la cosa ande mal;
tú no aflojes el tamal
aunque te jalen las hojas…

35

Para finales del siglo XVIII surgieron versos populares que hablaron de cuanto sucedía en la Nueva España, entre ellos algunos pensados para cantarse en público al son de los instrumentos de la época. Resalta entre ellos por su ingeniosa picardía "El chuchumbé", que fue prohibido y perseguido por la Inquisición durante casi treinta años:

En la esquina está parado
un fraile de la Merced
con los hábitos alzados
enseñando el chuchumbé.

Que te pongas bien,
que te pongas mal,
el chuchumbé te he de soplar.

Para ruidosos el sapo,
y larga la lagartija
pero dichoso es el papo
al que se sopla esta pija.

El ingenio pícaro fue progresando, sin duda; así, por ejemplo, en la misma época Juan Fernández escribió estos versos, dedicados a las esforzadas trabajadoras que sin duda podrás identificar:

Ya la queretana Rosa
sólo en los congales pasa,
no es en dar el chisme escasa,
pero, a la verdad, no es cosa.

No descansa ni reposa,
siempre está con mil aprietos,
no quiere los hombres quietos;
con ella no te alborotes,
que anda buscando camotes,
porque la huyen los discretos.

37

Pero bueno, no abusaré de la paciencia de nadie. Sólo quise dejar aquí recogidos ejemplos que no es fácil encontrar en otros libros sobre el tema que nos ocupa. (Y por cierto: ¿ya se dieron cuenta de que hay bien poquitos? Lo bueno es que ya empezamos a ponerle remedio a esa carencia.) Para terminar, les dejo estos versos, igualmente anónimos y bastante explícitos, de principios del siglo xx; para que se entiendan bien, debo explicarles que se los dijo en privado un poeta a otro que fue recibido por una efusiva multitud a su regreso de un largo viaje y, tratando de ser galante, besó repetidas veces la mano de una bella dama que "le hacía ojitos", creyendo que ya se la había ligado:

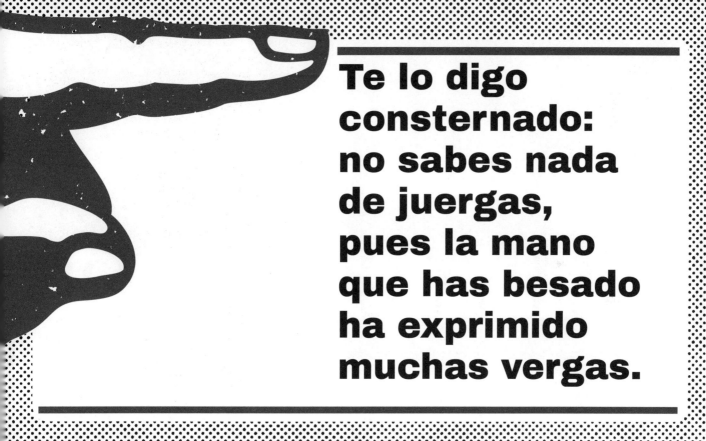

Te lo digo
consternado:
no sabes nada
de juergas,
pues la mano
que has besado
ha exprimido
muchas vergas.

3.

...y así funciona también

Ya en el primer capítulo les di una probadita de este asunto, que es de gran envergadura, y les dije que nos iríamos poco a poquito; ahora continuamos con los secretos del tema, empezando por

Otras reglas

Como ya quedamos, quien inicia el diálogo alburesco debe crear una **provocación verbal** de contenido sexual; eso puede lograrse:

1. Utilizando verbos como coger, introducir, meter, clavar, sumir, raspar, tallar... que ingeniosamente conjugados equivalen a penetrar sexualmente:

Si quieres aprender, **te hago una introducción** a mi conocimiento.

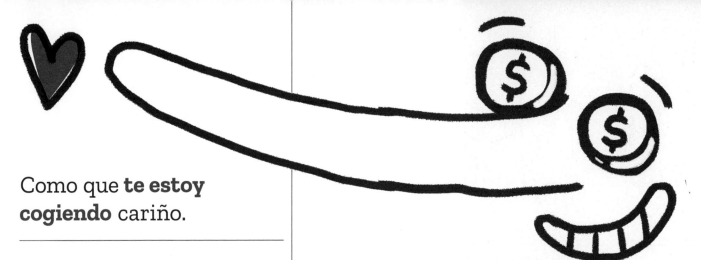

Como que **te estoy cogiendo** cariño.

La cuenta está muy grande... **¿se la sumo?**

(Nótese que aquí se aprovecha que "sumo" puede ser conjugación tanto del verbo **sumir** como del verbo **sumar**.)

Por lo que veo, a ti **te gusta ver ga**nancias.

2. Utilizando términos que resultarán alusivos a la eyaculación y al esperma, por ejemplo, verbos como llorar, moquear, escupir, desparramar, y sustantivos como leche, atole, yogur, crema, jocoque y mocos (también llamados mecos):

Por ahí me dijeron que te fascina **hacer llorar al mocoso.**

(Supongo que no hace falta explicar la identidad del **mocoso**.)

A la noche te presentaré
a Jaime **Costecho.**

(No es difícil deducir que se interpreta
mecos te echo.)

A ese **conejito** hay
que darle su **zanahoria**
y su **lechuguita.**

(Nótese cómo a veces se sustituye una
palabra con otra que comparte sílabas
con ella; así, en vez de **leche** o **lechita,**
lechuguita.)

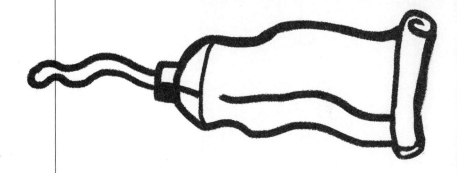

Tienes resecos
los labios,
**¿quieres que
te eche crema?**

3. También se puede aludir al sexo anal; en este caso, podemos referirnos al discreto orificio llamándolo el chiquito, el chimuelo, el soplón, el pedorro, el pedorrín, el peyoyo, el chiquihuite, el asterisco... y al acto podemos referirnos como por Detroit, por Culiacán, por chicuelinas...

Cuando quieras te bautizo al chiquito.

No muevas tanto **el chiquihuite,** que se maltratan **los camotes.**

Para continuar con la diversión, va una notita que, aunque es más un juego verbal, incluye algunos albures. Por cierto que desde el comienzo del libro te he estado albureando, así que te sugiero que cuando lo termines y hayas aprendido más, lo releas para ver si ahora sí los pescas todos y vuelvas a reírte. Dicho lo cual, ahora sí va la

Nota de una madre alcahueta

Hijo, siento no haberte esperado anoche, pero por más que quise aguantarme, entre cabezada y cabezada de tu padre de plano me cogió el sueño. En la mañana de carrera me asomé a tu aposento porque me fumigó tu tufo a descompuesto y vi que era tu cruda, ¡ya ni la amuelas! Todo por eso, ahora cuando te pares te avientas una corrida al mercado para que te prepares la polla. Por favor te consigues unas naranjas, sin magulladuras, de piel lisa, y frescas (las vas a reconocer por el olor, recuerda que entre más maduras más intensas huelen) y te vienes, porque los demás ingredientes aquí los tengo. Llegando te pones en un recipiente no muy hondo el zumo de las naranjas (te las lavas primero), le agregas los líquidos negros que te puse sobre la mesa, son jerez y vainilla, le agregas güevos, la meneas y te la empinas. Verás que con eso, se te baja lo pedo.

Con cariño tu madre,
la que tanto vela por su chiquito.

Y ahora, las claves del relato

"por más que quise aguantarme" se refiere a contener los impulsos; "entre cabezada y cabezada de tu padre / me cogió" indica que no se pudo contener ante los roces (cabezada = frotación con la punta del pene) del esposo y terminó por tener relaciones sexuales con él; "me asomé a tu aposento" y "vi tu cruda": la primera locución se relaciona con el espacio donde se encuentran los genitales masculinos, entre la cintura y la ingle, y la segunda a que observó el miembro viril, probablemente porque el joven se quedó dormido mientras se estimulaba manualmente; "cuando te pares / te avientas una corrida"; ambas expresiones aluden a la masturbación.

Ahora bien: "te prepares la polla" es simple recomendación para evitar la frustración; "por favor te consigues unas / sin magulladuras, de piel lisa, y frescas" es súplica para que busque chicas jóvenes y sin arrugas, al igual que "entre más maduras más intensas huelen"; "le agregas güevos, la meneas y te la empinas" es fórmula perfecta para un rapidín, un *quickie*, sexo exprés; "con eso, se te baja" es consejo para evitar la lascivia. "Vela por su chiquito": cuida el orificio posterior.

4.

Galería del albur

En verso

Como dijo Juan Ramón Jiménez, Premio Nobel de Literatura en 1956: "La prosa necesita una vulgaridad... más elevada". Quien quiere alburear de manera fina, elegante, ingeniosa, necesita poner mucha atención en las palabras e ir aumentando su vocabulario. Un vocabulario prosaico nos puede llevar a la vulgaridad, la chabacanería y la trivialidad; a la pura grosería, pues, y acabaremos en el nivel de esos cómicos que salen en la tele a decir groserías y sólo con eso consiguen que mucha gente ría. O peor: terminaremos con la gente que ríe porque un sujeto contó por televisión un chiste soez. Como si fuera un mérito saberse y decir groserías, y cuanto más abundantes, mejor.

Nada como el poder de la palabra para producir humor bien elaborado, digno de carcajadas por su ingenio y por su capacidad de decir todo eso que vemos en la tele… sin realmente decirlo. Y una gran arma para ir aprendiendo a hacerlo es leer poesía, en especial la que está hecha con versos rimados. Así aprenderemos palabras, ritmos, la manera de expresar de manera simple pensamientos complejos y, lo más importante, diversas técnicas para hacer que las palabras adquieran los significados que nosotros queremos. Así, por ejemplo, en estos versos del gran Elías Nandino (ahora no marcaremos con colores ni con letra gruesa dónde está lo bueno; te toca encontrarlo):

Si entre gardenia y la rosa
usted no ha sabido escoger,
no se me agüite, preciosa,
porque resulta sabido
que entre tobillo y ombligo
clavel es lo que ha escogido.
Metiendo textos de lomo
escuché que tú gemías,
porque ahí no iba aquel tomo,
sino en la cómoda, decías.
Si al toro tomas por los cuernos
te me puedes lastimar,
mejor prueba una sobada
de cabeza pa' domar.

Al no dar con la entrada,
entré por la salida.
Pero esto no importa
porque cualquier camino
conduce a la avenida.

¿Y qué tal éstos, de autor anónimo?:

Cuando eras policía bien que lucías
  tu pito
y ahora que pasa el tiempo
no lo muestras ni un ratito.

A los quince, con quien quise,
a los veinte, con quien diga la gente,
pero a los treinta...
con el primero que se presenta.

No atranques tu cerradura,
que aquí te traigo tu llave,
la que no se descompone
por más que metas y saques.

Me han dicho que eres poeta
y en el aire las compones,
ven y hazme una chaqueta
pero que tenga botones.

No es verdad que soy poeta,
ni en el aire las compongo,
pero aviéntame tus nalgas
y verás cómo te pongo.

Este poeta amafiado
media Europa ha recorrido.
Se nos fue sobresaltado
y volvió sobrecogido.

Entre delgada y gruesa es la figura
que ha de tener la dama si es
  hermosa;
y el medio de negrura y de blancura
es la color de todas más graciosa;
en medio de dureza y de blandura
la carne de la hembra es más
  sabrosa.
En fin ha de tener en todo el medio,
pues lo mejor de todo es lo del
  medio.

Un pajarito al volar
fue a tu casa desde el centro.
¡Qué contenta que has de estar
con el pajarito adentro!

El poeta chiapaneco Roberto López Moreno ha dedicado todo un libro a sus composiciones aluresco-poéticas llamadas "aluremas"; de él, esta pequeña muestra:

Minuscálido
No te me bajes del banco
ni se te caliente el ojo,
ya ves que de día soy manco
y de nochecita cojo.

Tigres y pájaro
Como se orina en los tigres
esta avecilla de marras,
por ahí dicen que le dicen
el pájaro que mea garras.

Dádivas

A lo dado, buen afán,
con alegría, sin enojo,
si en La Villa ayate dan,
pues ni modo, ayate cojo.

Goteras

Y cuando la lluvia azota
admitirás que es un arte
ver gotitas, ver gototas,
ver gotear y no mojarte.

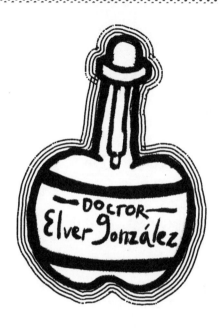

Recetario

Sin recetas engorrosas,
para aliviarse de males
las gotitas milagrosas
del doctor Elver González.

Onomásticos

Ya en el primer capítulo te introduje al tema de cómo se puede alburear con nombres propios, ya sean reales o inventados; aquí te va una larga lista para tu repertorio.

En algunos casos se marca y explica el meollo del asunto; en otros, para que sigas practicando, te toca encontrarlo (y decidir si es reversible, o sea, si vale de ida y vuelta, o si es unisex):

Lucila Gamba

Paco Gerte (para cogerte)

Estela Mamo (te la mamo)

Zacarías Blanco

(conjugación del verbo sacar y alusión al color del semen)

Martín Cholano

Elver González

Pamela Rosas

Rosa Celeste Fierro

(rosas el este fierro)

Lola Meraz

Débora Testa

Rosa Melcacho

Alma Marcela Silva de Alegría

(al mamársela...)

Ana Mier de Cilla

Alma María Rico

Blanca Mote Tomás

Enriqueta Nates

Agapito Lope Lara

Jorge Nitales

Verónica Gabas

José Mentecho

(semen te echo)

ESTADOS UNIDOS:

E. Charles White

(*white* es blanco en inglés)

Larry Cañonga

(la rica ñonga, que es otro de los nombres del pene)

Max Camela

ITALIA:

Sebino Sobretti

(se vino sobre ti)

Piccola Donna

JAPÓN:

Teyeno Tuoyo

(te lleno tu hoyo)

Yokero Tuchico

Tuchico Atako

Yositoko Tukoshita

Tetoko Tuchico

RUSIA:

Zacarias

Michilinsky

Ivan Tresketechov

(y van tres que te echo)

ARABIA:

Ben Jalam Elami

Mohammed Labara

(mójame la vara)

Geográficos

Ya te puse algunos ejemplos;
aquí te van otros cuantos más:

Lago Sara

Lago Zarías (la gozarías)

Lago Antaras (la aguantaras)

Lomas Turbo

Lomas Cabeza de Toro

Lomas Ajeo

Lomas Cabas

Tejeringo el Chico (te jeringo = penetro)

Chiquilistlán

Medallas (me das el chiquito)

Terrascoloyo

Metepec el grande

Tepiscoloyo

Tecojorita (te cojo ahorita)

Blanco, Zacatecas

Sumosotlán el Grande

San Goloteas de las Campanas

San Goloteo el chico

Itsmo Costecho

Rosarito en Chile

El Cañón del Sumidero

Cacaloapan

Chicomostoc

ESTOS PARECEN INVENTADOS, PERO...

Parderrubias, GALICIA, ESPAÑA

Peleas de Arriba, ESPAÑA

Cerda, VALENCIA, ESPAÑA

Panzacola, TLAXCALA

Quitacalzón, GUATEMALA

Brinca y pea, COLOMBIA

Sacachispas, ARGENTINA

Lomas de Bezares

Las Tetillas, ZACATECAS

La Verija, MICHOACÁN

Nalganas, NORUEGA

Pitogo, FILIPINAS

Pitigliano, ITALIA

Cogenler, TURQUÍA

Vergalijo, NAVARRA, ESPAÑA

Vergas, ESTADOS UNIDOS

Vergaza, RUSIA

Chuparrosa, ZACATECAS

Chingola, ZAMBIA

5.
Enriquezca su vocabulario

No vamos a seguir adelante sin antes confirmar la adecuada comprensión de un tema tan largo y complejo. De seguro a estas alturas te está haciendo falta vocabulario para acabar de entender algunas de las alburerías que llevamos vistas; así pues, de manera sucinta, **ahí te van algunos sinónimos que te serán útiles; sólo ten en cuenta que estas listas no son exhaustivas:**

Para el ano

(espero que hayas notado el albur): anillo, anís, Aniceto, anófeles, anubis, asterisco, chiquito, chicloso, chicaspiano, chicaspatas, chimuelo, cutis, fundillo, ojal, ojo, ojete, olla, pedorro, solecito, el Aníbal.

Excremento

(caca, pues): abono, cacahuate, café, calabaza, frijoles, pastel, quéik.

Flatulencia

(ventosidad que se expele por el ano): aire, **espíritu**,
gas, **pedal**, turrún, **ventosa**.

(Aquí resulta oportuno recordar a aquel devoto novio que,
ante una ruidosa ventosidad de su novia que además resultó
muy olorosa, le dijo tiernamente: "Cuando se te acabe
el perfume, me regalas el frasquito".)

(sin distinción de género): **bote**, ancas, **atrás tiempo**, **las de carne**, jamones, **nailon**, nachas, **pompas**, popa, **posaderas**, modestas, **tepalcuanas**, torta, **traspuntín**, salvahonor, **mapamundi**, trafanario, **tambochas**.

Nalga, nalgas

Masturbación

(aquí sí, dependiendo del género): **darse una mano amiga**, chaira, **manuela**, chaqueta, **jalar el pescuezo al ganso**, sacarle el veneno a la boa, **cinco contra uno**, darle a la manivela, **darle brillo al pelón**, ordeñarse, **echar a volar el papalote**, pulir el perno.

(Y aquí cabe el chiste del yucateco que se presentó a un concurso de charrería, donde fue objeto de burla primero, y luego, para no discriminarlo, el juez decidió darle una oportunidad: "A ver, floréame la reata", le pidió. Y, ni tardo ni perezoso, el aspirante a charro declamó: "Tito tito capotito, qué bonito está tu pito".)

Pene

(¡verga!): **antena**, aquellito, **asta**, cabeza **cabezón**, camarón, **camote**, capullo, **chaira**, chile, **chorizo**, corneta, **dedo sin uña**, casco nazi, **el cíclope**, el de hacer chamacos, **el grande**, el pedazo, **el onceavo dedo**, el falo, **garrote**, boa, **la de mi Arturo**, serpiente, **la pescuezona**, lancha, **langosta**, largo, **leño**, mástil, **masticas**, reata, **soplas**, metiche, **miembro**, minga, **negro**, monstro, **la mantecada**, pelona, **pepino**, pepito, **macana**, ñonga, **pito**, pistola, **pija**, picha, **reata**, rifle, **salami**, salchicha, **tranca**, trompeta, **tubo**, vara, **verdura**, zanahoria.

69

Relación

sexual

(¡mmmh!): **coger**, parchar, **enchufar**, ensartar, **echar patita**, subirse al guayabo, **mojar la brocha**, darle de comer al conejito, **echar un palo**, echar un fierrín, **echar un garrotazo**, meter el muñequito a la rosca, **checar el aceite**, ponerle carnita al tamal, **gratinar el mollete**, matar la rata a palos, **matar el oso a puñaladas**, ponerle Jorge al niño, **despeinar la cotorra**, rellenar el pavo, **hundir el Titanic**, lecherear el churro, **rechinar el catre**, darle su plátano al chango, **darle su mamila a King Kong**, desflemar el cuaresmeño, **glasear el rol**, enfundar la pistola, **aventarse**, clavar, **darle pa' sus chicles o pa' sus tunas**, enterrar a nuestro amigo, **limar aspereza**, pisar, **ponchar**, ponerle, **recoger piedritas**, tronar, **recoger**, cojín.

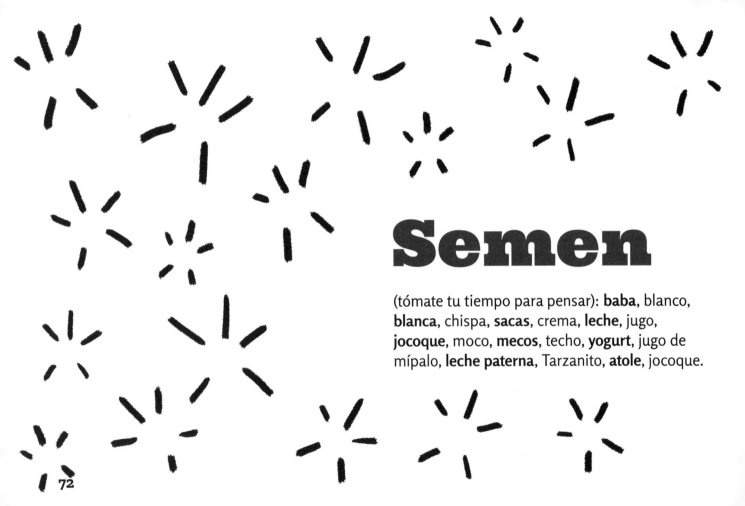

Semen

(tómate tu tiempo para pensar): **baba**, blanco, **blanca**, chispa, **sacas**, crema, **leche**, jugo, **jocoque**, moco, **mecos**, techo, **yogurt**, jugo de mípalo, **leche paterna**, Tarzanito, **atole**, jocoque.

Senos

(con o sin silicón): **bubis**, cenotes, **chichis**, chicharrón, **chicles**, luces altas, **mamas**, mellizas, **melones**, montes, **montículos**, niñas, **pechuga**, sobrinas, **teclas**, teclado, **tetas**.

Sexo oral

(no creas que es platicado): **bajar al pozo,** bajarse por los chescos, **bajar al mar,** bajarse, **hacer limpieza de sable,** hacer un guapo, **hacer un mameluco,** hacer un mamey, **guagüis,** pegarse a la llave, **pulir el riel,** soplar la vela, **tirar la goma,** tocar la corneta.

Sexo anal

(y volvemos al punto de partida): **meterlo por Detroit**, romper el chico, **sacar petróleo**, dar por Ohio o por Culiacán, **hacer el siete**, dar por el chiquito.

Testículos

(...y luego hablan del talón de Aquiles): **aguacates**, albóndigas, **balines**, bolas, **bolsas**, campana, **canicas**, cascarones, **güevos**, cojones, **compañeros**, compas, **huerfanitos**, melones, **testigos**, tompiates, **óvalos**, pelotas, **tenates**, tejocotes, **testes**, tentáculos.

Vagina

(lo que me recuerda otro nombre propio: Elba Ginón): **agujero**, aquellito, **araña**, bizcocho, **cañón del sumidero**, cucaracha, **chango**, chico, **chocho**, cocho, **coñac**, el de hacer del pis, **garaje**, guayabo (de aquí la frase: subirse al guayabo), **hoyo**, lo mío, **medallas**, medallón, **molcajete**, mono, **muñeca**, oso, **papaya**, panocha, **pepa**, pucha, **quinto** (himen), raja, **rajada**, rata almizclera, **raya**, simis, **tarántula**, triángulo.

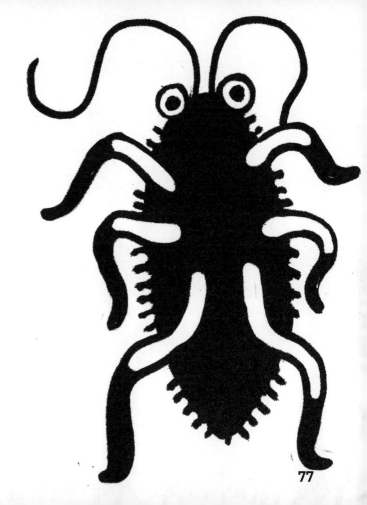

6.

Hablando de apodos

Con cuánta ilusión nuestros padres escogieron nuestros nombres! Algunos se fueron por los clásicos y sencillos, otros le echaron cacumen y encontraron algunos muy raros y hasta impronunciables... ¡y todo para que en la escuela o en la chamba o en el barrio o en todos esos lugares terminemos por tener un apodo o un diminutivo o un nombre "de cariño"!

AQUÍ LES DEJO UN MUESTRARIO MUY SELECTO, ESPERANDO QUE NADIE SE SIENTA IDENTIFICADO.

A *Acueducto:* por su paso a desnivel.

Aguarrás: porque de lejos parece solvente.

Aguja: por un lado pincha y por el otro lo ensartan.

Alacrán: porque pica por la cola.

Alfombra: porque todos la pisan.

Almanaque: la clavan en cualquier pared.

Almohada: todos se la ponen en la cabeza.

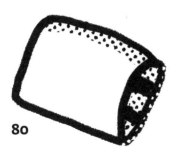

Antibiótico: la toman cada ocho horas.

Árbitro: siempre con el pito a mano.

Árbol de Navidad: tiene las bolas de adorno.

Aspirina: es buena para la cabeza.

B *Balero:* sólo juega con un agujero.

Batería de coche: es negro, pesado y encima lo cargan.

Bolivia: alta y plana.

Bolsa de harina: aunque la sacuden sigue echando polvos.

Brasier: siempre se abrocha por atrás.

Bugs Bunny: todo el día con la zanahoria en la boca.

C *Caja fuerte:* porque le tocas la combinación y se te abre.

Capa de ozono: cada día tiene más grande el agujero.

Carbón: aunque tarda, siempre se prende.

Carreta: jala con cualquier buey.

Carroza fúnebre: acompaña pero no entierra.

Cartón: aprietas mucho y se abre.

Cáscara de plátano: nadie la quiere pisar.

Cebra: rayada hasta por el culo.

Cemento: mojado hasta que queda duro.

Cerillo: al primer roce, se prende y pierde la cabeza.

Chorizo: apenas se calienta, saca el aceite.

Cierre de pantalón: porque siempre llega hasta el pene.

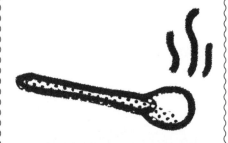

Cinturón de seguridad: apenas se sube a un auto, se lo abrochan.

Corcho: si no está pegado al pico de la botella, está tirado en el suelo.

Cuidador de hipódromo: saca a pasear a las yeguas, pero no las monta.

Culpa: nadie se la quiere echar.

D **Dentadura postiza:** se acomoda con la lengua.
Domino's Pizza: se te entrega en treinta minutos.

E **Empanada:** le gusta que la rellenen.
Enfermera: siempre va de cama en cama.
Escuela: se desocupa en vacaciones y nuevamente la llenan.
Estribo: únicamente sirve para meter pata.
Estufa de leña: porque le ponen el tronco.

F **Factura:** se la entrega a quien pague.
Foto exprés: se entrega a los cinco minutos.
Fotógrafo aéreo: siempre toma de arriba.
Frijol: porque estimula el pedo.

G *Gallina robada:* se la comen a escondidas.
Gallina vieja: come, pero ya no pone.
Gato: a gatas coge.
Gorro de lana: a todos les calienta la cabeza.
Gota en la espalda: porque va para el culo.

H *Himno Nacional:* porque a pesar de ser viejo, lo siguen tocando.

J **Jefe malo:** de vez en cuando y se echa uno.

M *Marimba:* la tocan con el palo y suena.
Media: porque mete la pata hasta el culo.
Mosqueteros: todos para uno y uno para todos.
Murciélago: chupa de noche.

83

N *Nadadora:* nada de pecho, nada de nalgas.

O *Olla exprés:* porque apenas se calienta, empieza a silbar.

P *Parrilla:* primero se calienta, luego se pone en cuatro patas y le ponen el chorizo.
Pavo real: lo único lindo que tiene es la cola.
Piojo: porque le gusta mucho la cabeza.
Pizza fría: porque siempre tiene el queso duro.
Plancha: necesitas enchufarla para que se caliente.
Portero: todas las para pero ninguna mete.

R *Rocola:* por una moneda te toca lo que le pidas.

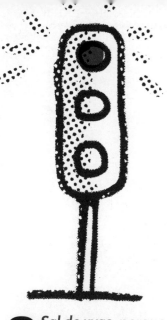

S *Sal de uvas:* porque hay que echarle agua para que se levante.
Semáforo: después de las doce nadie la respeta.
Sol de invierno: no calienta a nadie.

T *Timbre:* todos lo tocan, menos el dueño.
Tortuga: duerme con la cabeza adentro.

V *Vagón de tren:* siempre enganchada.
Vaso de agua: porque no se le niega a nadie.
Ventilador de techo: siempre sopla de arriba.

7.

Galería
del albur

Culinarios

Nuestra vasta gastronomía ha dado lugar a suculentos y pícaros platillos, así que agarren mesa grande, arrimen su silla, cojan lo que gusten y a disfrutar parados o sentados como mejor se acomoden; no hay placer igual al culinario y sé que disfrutarán esta sabrosa sección.

(P.D.: Ya en confianza, no olviden llevarse el hueso a la boca aunque esté chiquito, sorber los líquidos de preferencia calientes y que no se les pase después de calentar y torear el chile, encurtirlo.)

(P.P.D.: Como notarán, les hemos marcado y explicado la zona alburera sólo en algunos casos, para que sigan agarrando confianza en su capacidad de entender cada vez más los juegos de palabras; noten además que algunos son reversibles, o unisex.)

Desayunos

¿Qué tal para comenzar unas buenas pellizcadas de güevo o de chorizo? También pueden servirse unas enchiladas con crema de Zacatecas (o sea: saca la crema = extrae el semen) o unas enchiladas de camarón. Ahora que si no tienen tanta hambre, lo recomendable es una garnacha picada o de plano, la memela (lámemela = lengüetea mi...).

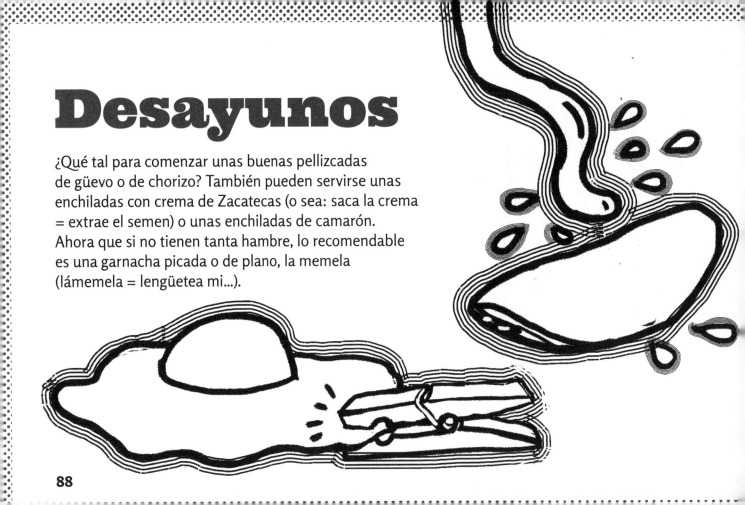

Ensaladas

Para quienes están a dieta, son muy recomendables las de pepino y zumo de limón, las calabazas del último saco, el chayote relleno de jamón y la coliflor con chile.

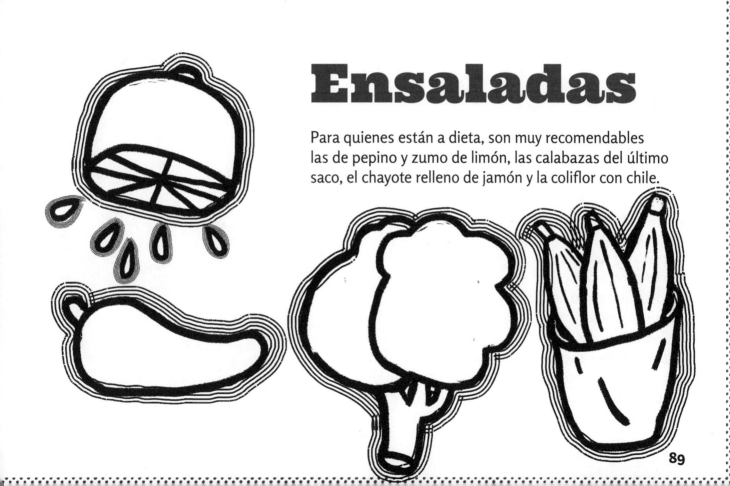

Antojitos mexicanos

Como plato fuerte, podrías elegir entre:
Lechón al gusto
Lomo al tallo
Chorizo en su mole
Carne enrollada de anís
Pato ancho (**pa tu ancho** = para tu orificio)
Raja Taxqueña
Relleno de tripas
Retacones de cabeza (= enjundiosas **metidas de pene**,
que, como es sabido, también es denominado
"la pescuezona" porque cuenta con un largo cuello
y además tiene una cabeza que no piensa)

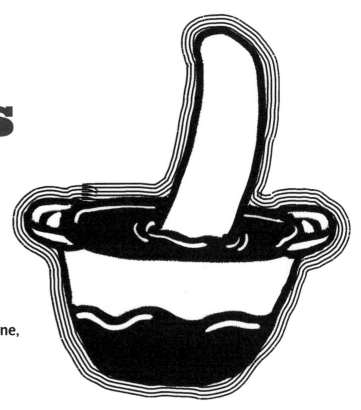

Mariscos

Ahora que podrías tener antojo de algún producto del mar; en ese caso, son recomendables el coctel de jugo de langosta, la mojarra de salchicha, el pescado de La Viga o los ostiones en su centro (este último albur es una joya porque **ostiones = semen** y centro = **tu orificio favorito**).

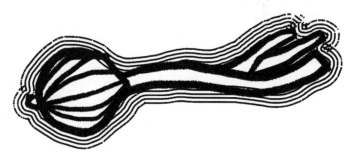

Guarniciones y salsas

Para acompañar tus platillos, nada como unos frijolitos,
que pueden ser de Apizaco, de Zacoalco o del último saco
(ésta es una sutil referencia al sexo anal, porque
frijoles = caca y **Zaco**alco = saco) y, desde luego,
el picante, que puede ser:
Chile en sartenes mexicanos
Chile en papas
Chile mascabel
Salsa de chile jalaspeño
Salsa de chile patuano

Bebidas

Y pa que no se te atore el... bocado, ¿qué tal este surtido?:
Agua de te**cojo**te (nótese la inversión silábica en **tejocote**
para introducir un popular verbo)
Agua fresca de m**i**embrillo (nótese ahora la introducción
de una vocal para cambiar el sentido)
Anís de Medellín
Rompopito
Ron Pepito
Ron Polano
Ron Pomadres
Té recogido en el monte
Té la rosa
Té de ramo blanco (= te **derramo** blanco = expulso
o extraigo semen; nótese que aquí también la onda
es reversible)

Postres

Y para concluir el ágape, algo dulce
y suculento, que puede ser:
Arroz con leche de Zacapoaxtla
Cajeta de Suchiquilpan
Calabaza en barras
Camote en barras (en barras = **embarras**)
Chupetón de camote
Dulce de anís con pasas (**anís con pasas** = el ano me das)
Plátano de Metepec
Las donas
Leche de Zacazonapan
Mordidas de pepita (éste ya te ha de resultar muy obvio)
Raspado de anís (y éste también)

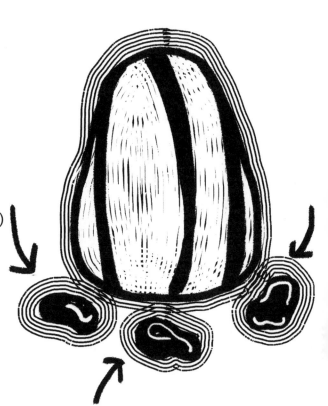

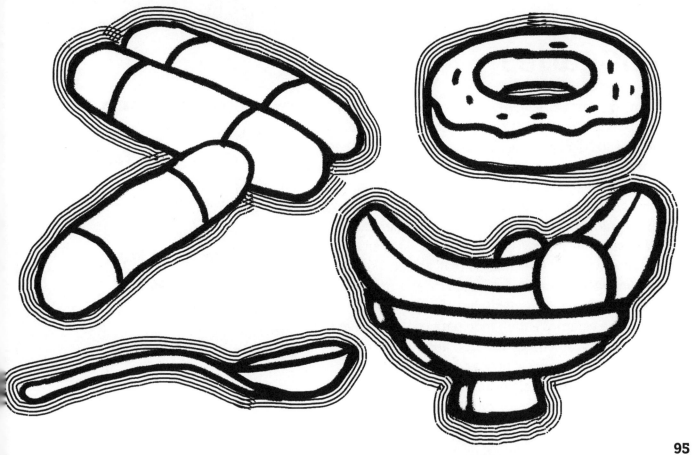

Dialogados

Se supone que ésta es la mera mata, lo efectivo, lo *náis* y donde puede verse toda la ciencia de un alburero; el caso es que los diálogos que se producen en los *sketches* cómicos de teatros y centros nocturnos, o de plano en las variedades transmitidas por radio y televisión, suenan a veces bastante artificiales porque generalmente siguen un guion. Lo interesante sería que se dieran espontáneamente, improvisando las respuestas en cada ocasión, como ocurre en el mundo real. La cuestión es que para ejemplificar no me queda de otra más que proceder con diálogos premeditados. Tampoco es tan grave, porque estamos entrenando para cuando llegue una ocasión de gran envergadura... o aunque sea de pequeña, que en tiempos difíciles cualquier chile hace buena salsa. Para que el ejercicio sea más productivo, en algunos casos te damos tu ayudadita:

—Oye chico, échame una mano con mi trabajo por favor.

(Dame el culo.)

—Te voy a echar el chico, pero a perder.

(Dámelo tú.)

-No, no te va a arder,
te voy a poner crema.

(Te voy a dar semen.)

-¡Chispas!
No puedo, cuate.

(¡Me la sacas tú!)

-Cuates los cacahuates
y no se hablan.

(Amigos, los testículos...)

-No se hablan
pero sí juegan.

-Te voy a jugar
las nalgas.

-No salgas, yo te chiflo.

-Chíflame en este.

-No lo tuestes
o me agarras cuando
te acuestes.

97

—Te busca con urgencia Agapito Ledezma Mones.

—¿Qué no es pariente de Agapito López Castelar?

—Es tocayo de Agapito Peláez, primo de Dora Mela y Sandra Dávalos Hoyos.

—Si eres mexicano, dame una prueba de ello...

—Pues... ¿qué te puedo decir? Nada más que yo soy muy vengativo.

—¿Te vas a venir?, ¡pero de reversa!

—Reina, ¿le toco la cucaracha?

—Mejor tócate el andariego.

—¿Lo dice por la distancia que recorro?

—No, porque no se para y cuando lo hace es donde no debe.

—**Estoy orgulloso de mi gran cerebro, hasta me dicen el cabezón.**

—Lástima que eso sea lo único grande que tengas.

—**¿Sabes, mi amor?, me vine caminando.**

—Al menos hallaste la manera de llegar.

—**Es que se me descompuso cigüeñal.**

—Y yo pensé que era la palanca.

—**¿Por cómo se paraba?**

—No, por los enfrenones que dabas.

—**Mi amor, ¿te gustó?**

—Pues te diré, a mí me gusta la velocidad…

—**Pero si le metía pata.**

—Pues sería lo único.

—**Mamacita, te toco lo que quieras.**

—¿Con esa trompeta?, seguro apenas soplas

—**A las pruebas me remito, ¿te animas?**

—Mejor preséntame un primo.

—**Sólo que sea un ex primo.**

—Exprimo, pero tus aguacates.

—**¿Me dejas barajeártela?**

—¡Eso es lo que tú quisieras!

—**¡Claro!, de eso pido mi limosna.**

—¿Y con esa mano tan chica?

—**Ni que estuviera tan grande.**

—Pues más que la tuya sí.

—**A ver, vamos a compararlas.**

—Pues deja saco la lupa, chance y te veo algo.

—En albures, de plano sí me rajo…

—**Entonces ponme el rajado.**

—¿Me pones el rajado morado?

—**Pos como lo tengas, compadre, así échamelo, ¿no dicen que siendo agujero aunque sea de caballero?**

—Me va a gustar que me des la donación para el asilo de ancianos o que me des la colación para el rosario del niño Dios...

—Déjame te lo repito. Donaciones recibo, no doy. Prefiero que me acompañes a las fiestas patronales de "El Chimuelo", un ejido chiquito pero interesante.

—Si estuviera ahogándome en un mar de leche, ¿me sacarías?

—Sólo que estuviera caliente, ¿por qué?

—Porque caliente quema más.

—**Dame razón de tus nalgas.**

—Te las surto aunque estén gachas.

—**Yo las pido y tú te agachas.**

—Ando pobre, ¿me prestas?

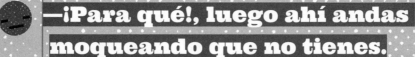

—**¡Para qué!, luego ahí andas moqueando que no tienes.**

—A las pruebas me remito.

—**Eso es lo que tú quisieras.**

—Agradecida vas a quedar,
te voy a dar hasta con intereses.

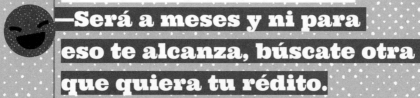

—**Será a meses y ni para eso te alcanza, búscate otra que quiera tu rédito.**

8.
Dichos, chistes, adivinanzas
y otros menesteres

Dichos

Los dichos son breves frases, comunes en la expresión popular, que sintetizan conocimiento práctico y experiencia, y se transmiten de generación en generación. La mayor parte no pretende más que eso: hacer gala de sabiduría, digamos, pero muchos son graciosos, algunos albureros, como te haremos notar, y otros picarescos. Los albureros, como es evidente, hacen gala de doble sentido, como lo hemos venido explicando, y también recurren al eufemismo, al sobreentendido y a la rima. Además, se procura formular los dichos de manera que sean fáciles de recordar. Y ya, no se diga más; para que estimulen su ingenio y le den placer a su cerebro, aquí les van algunos:

Dime con quién andas... y si está bueno me lo mandas.

PUNTOS VEMOS, ASTERISCOS NO SABEMOS.

A todo marranito le llega su Nochebuena.

Ahora es cuando, chile verde, le has de dar sabor al caldo.

Hazlo bien... sin mirar con quién.

**Alegre el indio
y le das maracas.**

Amor de lejos...
felices los tres.

**Barriga llena,
aviso de la cigüeña.**

EL AMOR
DURA LO QUE
DURA DURA.

CON CALMA, QUE LLEVO PRISA.

Cuando no hay amor,
ni las cobijas calientan.

**El peor puerco
siempre se lleva
la mejor mazorca.**

El que es panzón,
aunque lo fajen.

**El que quiera
azul celeste, que
se acueste.**

Ni picha ni cacha
ni deja batear.

**Chiquito,
como pensión
de jubilado.**

SE JUNTARON
EL PAN CON
LA GANAS
DE COMER.

CUANDO MÁS VIEJO EL BURRO, MÁS VERDE LE GUSTA EL PASTO.

Para gata vieja, ratón tierno.

Estás como caballo viejo: pasan las yeguas y nomás se te ruedan las lágrimas.

Aguantador como barriga de pobre.

La culebra se mata
por la cabeza.

Ni lava ni presta
la batea.

¡Si así es
el infierno,
que me lleve
el diablo!

¡SI ASÍ ESTÁ
EL CAMINO,
CÓMO
ESTARÁ
EL PUEBLO!

EL MUCHACHO LLORÓN Y LA MAMÁ QUE LO PELLIZCA.

Es mucho chicle pero tan poca bomba.

Es demasiado jamón para un humilde par de güevos.

Como quieras quiero y como te acomodes puedo.

Más apretado que
tuerca de submarino.

**Entre bomberos
no se pisan la
manguera.**

Digan lo que digan, los
pelos de cu...tis abrigan.

EL QUE
QUIERA
PESCADO,
QUE SE
MOJE.

QUISIERA SER MARIACHI PARA TOCARTE LA CUCARACHA.

Donde las dan,
las toman.

___

**Cada pájaro,
a su nido.**

___

Corto y angosto,
como el mes de agosto.

___

Yo no pido que me den, sino que me pongan donde hay.

Muy redondo para güevo, y muy largo para aguacate.

Más vale un ten que dos te daré.

SI VEN QUE EL NIÑO ES RISUEÑO Y TODAVÍA LE HACEN COSQUILLAS.

Chistes

En casi todos los chistes se hace burla de alguien, se habla de defectos, se hace burla explícita de incapacidades o de plano se busca provocar la risa haciendo escarnio de una persona o burla de una situación que en la realidad sería trágica, violenta o desastrosa. Es decir, hay muy pocos chistes "políticamente correctos". Para acabarla de amolar, además de que un chiste alburero puede recurrir a todo esto, hay que añadirle su fuerte carga sexual y su ánimo picaresco. A lo mejor por todo esto existe el verbo **chistar**, que significa tratar de imponer silencio a alguien diciéndole ¡sh!, ¡chs!, ¡shhhht! cuando empieza a decir algo que se considere inadecuado, impropio, no para menores, no apto para mujeres, no apto para heterosexuales, indecente, obsceno, lascivo, pecaminoso... y otras jaladas por el estilo. Es decir, cuando se busca ejercer censura.

Sea como sea, los chistes, y en particular los albureros, siguen y seguirán vivos en nuestra cultura, evadiendo los intentos de censura o de plano pasándoselos bajo el radar mediante ingeniosos juegos de palabras que les sirven de camuflaje. A continuación, algunos chistes, varios con abundante contenido alburero, otros hasta de contenido fabulesco y con moraleja y unos pocos incluso rimados. A estas alturas del partido, de seguro los entiendes sin bronca:

Había una cotorrita que volaba plácidamente cuando de repente cayó una gran tormenta. Aceleró su vuelo y descendió en busca de refugio pero no lo encontró. A lo lejos divisó la casa de un pájaro y voló hacia ella. Sin perder tiempo, comenzó a golpear la puerta. Unos segundos más tarde el pájaro se asoma y la cotorra le dice:

–Buenos días, pájaro, ¿podría quedarme en tu casa hasta que termine la tormenta?

El pájaro responde de mal modo:

–Mira, cotorrita, aquí no hay lugar, así que busca otro lado –y cerró la puerta bruscamente.

La tormenta arrecia y la cotorrita, desesperada, golpea nuevamente. El pájaro vuelve a abrir:

–Pájaro, te pido por favor que me dejes pasar.

–¡Vete, cotorrita, ya te he dicho que no! –dice furioso y cierra de un portazo.

La cotorrita no se da por vencida y golpea nuevamente. El pájaro abre y la cotorrita insiste:

–Por favor, pájaro, déjame pasar, que llueve horrible.

–Dije que no hay lugar, cotorrita, vete, aquí no te quedarás... ¡y no insistas!

Moraleja: Cuanto más duro se pone el pájaro, más se moja la cotorra.

¿Cómo puedes saber si tu novia es buena con las matemáticas?

Pues examínala. Sustráele la ropa, súmala a tu recámara, divide sus piernas y dale una buena raíz.

—**Mami, quiero conocer a mi papá.**
—Pero hijo, tú eres un bebé de probeta.
—¿Qué es eso?
—Probé tanto que no sé quién es tu papá.

¿Cómo se llama el club más exclusivo del mundo?

Se llama "La Papaya", porque sólo admite un miembro y tiene que estar muy bien parado.

¿Cuál es la cosa más ligera del mundo?

El pene, porque se puede levantar con el pensamiento.

El orgasmo es como el dominó: como no tengas buena pareja, más te vale tener buena mano.

Los delincuentes asaltan un convento y deciden violar a las religiosas. En pleno acto exclama una:

–¡Dios mío... perdónalos, porque no saben lo que hacen!

Y le grita otra monja:

–¡Será el tuyo, porque el mío es un experto!

Un cojo que vivía allá en la esquina acostumbraba a fornicarse a la vecina, y por culpa de su pata desgraciada el pantalón siempre se le manchaba.

Moraleja: Quien mal anda, mal acaba.

–¡María, tu marido se va a tirar por la ventana! –¡Dile al idiota ese que le puse cuernos, no alas!

¿Cómo se le llama al hombre que cobra por meterle su instrumento a la mujer en la boca?: Dentista.

Un pavo platicaba con un toro y le decía: me gustaría poder treparme al tope de ese árbol, pero no tengo energías; a lo que el toro le contestó: ¿por qué no pruebas un poco de mi mierda?, está llena de nutrientes.

El pavo probó un poco y notó que le dio suficiente fuerza para alcanzar la primera rama del árbol; al día siguiente comió otro poco y alcanzó la segunda rama, y así cada día hasta que a las dos semanas ya estaba trepado en el tope del árbol.

Sin embargo, al poco rato el pavo fue repentinamente tumbado del árbol por un campesino, que le disparó.
Moraleja: Puedes llegar al tope a base de pura mierda, pero ella no te mantendrá ahí.

Me gustaría ser baldosa, pa' poder verte la cosa.

Un depravado que vivía en la esquina acostumbraba echarse a la vecina.

Un día a oscuras se quedó y el depravado sin querer a su abuela fornicó.

Moraleja: A oscuras cualquier agujero es bueno.

n toro estaba pastando tranquilamente en el prado, cuando de repente una mosca empezó a volar muy cerca de él, lo que en verdad le disgustó; entonces intentó espantarla con su largo rabo, pero la mosca lo seguía fastidiando, hasta que se detuvo en la punta de su nariz. El toro aprovechó la oportunidad y de un lengüetazo la atrapó.

Moraleja: Lo que no puedas acabar con el rabo, termínalo con la lengua.

e encuentra Pepito en el colegio y su profesora le pide que resuelva un problema:

—A ver, Pepito, supongamos que vas de caza y ves seis pájaros en un árbol. Si cazas de un disparo a uno de ellos, ¿cuántos pájaros quedan?

—Ninguno —responde Pepito.

—¿Cómo que ninguno? —alega la profesora. Si matas uno, te quedan cinco.

—No, señorita, si le disparo a uno, los otros cinco, con el ruido, se van volando y no queda ninguno.

—Hummm... —se queda pensativa la profesora. No es la respuesta que esperaba... ¡pero me gusta tu manera de razonar!

Entonces Pepito le pide a la señorita que le permita ponerle un problema, y ésta acepta. Pepito le plantea:

—Supongamos que hay tres mujeres sentadas en un banco del parque, y cada una de ellas se está comiendo un plátano. La primera lo hace a mordiscos, la segunda se lo come chupándolo. Y la tercera lo hace lamiéndolo previamente. ¿Cuál es la mujer casada?

La profesora, toda turbada, titubea y al final responde:

—Supongo que la casada es la que se come el plátano a mordiscos.

—Pues no, señorita... La casada es la que lleva el anillo en el dedo... ¡pero me gusta su manera de razonar!

Un cura aficionado a la ornitología tenía doce pájaros. Todos los días los soltaba para que volaran y siempre regresaban a sus jaulas. Pero un día sólo regresaron once, así que el sacerdote, decidido, en la misa de mediodía del domingo preguntó:

–¿Quién tiene un pájaro?

Todos los hombres se levantaron.

–No, no me expliqué bien... ¿quién ha visto un pájaro?

Todas las mujeres se levantaron.

–¡No, no! Lo que quiero decir es: ¿quién ha visto mi pájaro?

Todas las monjas se levantaron.

Vamos a jugar al teto: tú te despatarras y yo te la meto.

Adivinanzas

No voy a poner a prueba la paciencia
de quienes llegaron ya hasta aquí
explicándoles lo que es una adivinanza,
pero sí les diré que en los ejemplos
a continuación lo interesante
es el planteamiento, no la respuesta:

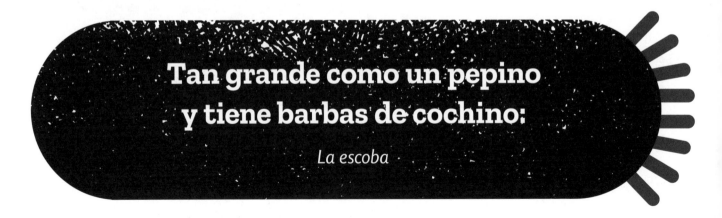

Tan grande como un pepino
y tiene barbas de cochino:

La escoba

Larga cual estilete, por la punta saca y mete y por detrás lleva el ojete:

La aguja

¿Cuál es la parte más sensible del cuerpo de una mujer? Tiene seis letras y acaba en ina:

La retina

¿Qué entra al centro de las mujeres y sólo detrás en el hombre?

La letra e

¿Qué es blando, y en las manos de una mujer se torna duro?

El esmalte de uñas

¿Qué tiene
una mujer
casada más
ancha
que una
soltera?

La cama

¿Qué palabra comienza
con la letra C, termina
con la letra O, es arrugado
y todos lo tenemos atrás?

El codo

Piropos

¡Piropos! ¡Justo ahora que no termina (ni terminará) la discusión acerca de si piropear es un galano arte o una chingadera o qué! Desde luego, yo más bien pienso que eso qué. El éxito de un albur (y de un piropo alburero) depende de muchas cosas que recapitularemos en más adelante, pero una de ellas puede ser que se utilice entre personas que tienen un adecuado nivel de confianza como para jugar con las palabras con gusto y sin inhibiciones. En fin, que aquí la vergadera intención es como en todo libro didáctico: lee, juega y aprende a no decir chingaderas donde, cuando y a quien no debes, porque se oye muy culero. Y va de piropo, aunque debo advertirte: tradicional y absurdamente son los hombres quienes piropean, y aquí, como podrás notar, no necesariamente:

Quisiera ser Tarzán...
¡para perderme
en esa jungla!

Si así estás de verde,
¿cómo estarás
de madura?

¡Mamacita, estás tan buena
que te comería con todo
y ropa... aunque pasara
un mes cagando trapos!

¡Si la belleza se midiera
en segundos,
¡tú serías 24 horas!

Si tus piernas son
las vías, ¡¿cómo estará
la estación?!

Oiga, mi arqui,
¿quiere que le compruebe
la calidad de su varilla?

Usted de rojo
y yo con
este antojo.

Si necesitas afilar tu lápiz,
ya sabes dónde
está el sacapuntas.

Hoy traje mi tupper porque quiero que me des hasta para llevar.

Esa salchicha
la quiere
mi medianoche.

Te invito a comer,
yo soy el primer plato,
el segundo y el postre.

Cuando veo tu hardware,
se excita mi software.

Si yo fuera un e-mail,
tú serías
mi contraseña.

Esos huevitos sí están para estrellarlos.

Si así suena el chorro,
¿cómo será la manguera?

Quién fuera mono
para encaramarse
en ese palo.

Con ese pajarito
hasta yo canto.

Quisiera ser hamburguesa
y que me eches
mucha mayonesa.

Con esos brazos me gustaría ser conejo.

Con esa macana
deberías de ser policía.

Métele el relleno
a mi dona.

Hey, suegra, présteme
un estropajo para bañar
a su hijo del ombligo
para abajo.

Para calentar mi bombón
nada más falta tu varita.

Adentro la verdura y arriba tu figura.

Papito, préstame a tu general que yo te lo hago mayor.

Quisiera que tu clavo ponche mis llantas.

Amor, necesito llave para mi candado.

¿Jugamos al mecánico para que le metas mano a mi máquina?

Dirás que soy niña, pero me encanta jugar con muñecos.

¡En ésa sí me siento!

Eres como el oso...
entre más peludo,
más hermoso.

Estoy buscando
el tocador de damas,
¿no eres tú?

Ojalá fuéramos elefantes,
para caminar agarrándote
la trompa con la cola.

Si así está el conejo, ¡cómo estará la zanahoria!

Cómo quisiera que estuvieras en mi frutero, mango podrido, porque ya te pasaste de bueno.

¿Cuál es tu nombre? ¡Para pedirte a los Reyes Magos!

Papito, a ti te huele y a mí a vainilla: vamos a mi casa a hacer unas ricas natillas.

Tengo ganas de hacer ejercicio. ¿Me ayudas con las sentadillas?

Me gustaría ser tu pijama para acostarme contigo.

9.

Galería del albur

Los posibles ejemplos del arte de alburear son inagotables, así que simplemente te escogí algunos de entre lo más selecto, didáctico y simpático de cuantos conozco. Entre ellos están los

Variopintos

Que son, digamos, un surtido rico, como en el tianguis. Para empezar, ¿qué tal si se intercala alternativamente un par de frases en los refranes?:

Al buen entendedor **por delante,** pocas palabras **por detrás.**

A buen hambre **por delante**, no hay pan duro **por detrás.**

A caballo regalado **por delante,** no le mires el diente **por detrás.**

A Dios rogando **por delante** y con el mazo dando **por detrás.**

A falta de pan **por delante,** buenas son las tortillas **por detrás.**

A grandes males **por delante**, grandes remedios **por detrás.**

A la cama no te irás **por delante** sin saber una cosa más **por detrás.**

Camarón que se duerme **por delante**, se lo lleva la corriente **por detrás.**

Y para continuar, una colección versos y de frases selectas, adecuados para diversas ocasiones y muy útiles para provocar diálogos albureros:

He frito mi longaniza en mejores tepalcates.

ANDA COMO ANTENA DE CABLE, POR FUERA Y VIENDO PAL CIELO.

Dios ama a las que dan, y yo soy muy devota.

[NO TE CALIENTES, CAZUELA, QUE EL CHORIZO NO ES PA' TI.]

Tengo tanta leche, que si no te hago un hijo te hago un atole.

¿Quieres ver galletas en tu canastita?

¿Por dónde entró el sida? Seguramente por Detroit.

PASA MELA, SIN PENA, AQUÍ TE SURTO.

EL AMOR ES COMO LOS PASTELES, QUE RECALENTADOS NO SIRVEN.

¿A poco no se te antoja un chorizo toluqueño en tu mole?

¿POR QUÉ CON TAMAL ME PAGAS TENIENDO BIZCOCHERÍA?

De mocosos, era un orgullo sacar buen promedio.

YO TE INVITO A MI MORADA, TE LA VAS A PASAR ¡DE PELOS!

Quisiera ser pirata, para encontrar el tesoro que tienes entre pata y pata.

[ME NOMBRARON HIJO PREDILECTO DE TULA, POR LO TANTO... SOY TULEÑO (= TU LEÑO)]

EN EL CINE: ¿LA PREFIEREN SUBTITULADA O DOBLADA?

SI NO TIENES DIRECCIÓN DE E-MAIL, DEJA EL ESPACIO EN BLANCO Y SACA UNA.

Adiós, corazón de melón, te espero en la cama sin pantalón. Prometió mi madre darme marido hasta que mi perejil estuviese florido.

Chile verde me pediste, chile verde te daré: vámonos para la huerta, que allá te lo entregaré.

Las tres mentiras del mexicano: "la última y nos vamos", "mañana te lo pago" y "nomás la puntita".

En este difícil periodo, donde la economía no es nada boyante, de seguro agradecerás estas sugerencias para chambas, que además son muy satisfactorias:

PARA HACER LANA, ES RECOMENDABLE SER INTRODUCTOR DE PLÁTANO.

EN UNA FONDA, PODRÍAS DESPACHAR LAS TORTAS, Y EN UNA PANADERÍA, ACOMODAR LOS CHURROS, LOS VIROTES Y HASTA DESPACHAR LAS CONCHAS.

Para varias chambas, necesitas ser un miembro bien parado en el sindicato.

En una peluquería, te gustará pelar cabezas.

Y si trabajas de fotógrafo, la pasarás bien pidiendo: ¡dame tu mejor ángulo!

Palíndromos

Un palíndromo es una frase que puede leerse normalmente, pero también de reversa; o sea, de derecha a izquierda. Para ello debe procederse sin tomar en cuenta mayúsculas, minúsculas, signos de puntuación y ortografía. Desde luego, los hay muy ingeniosos y divertidos, y también albureros:

Échele leche.
Échele leche.

No le parecerá pelón.

Se mamón o no mames.

¿Asno soy yo? ¡Sonsa!

¿Se la jalo?... No, no. Yo no. No la jales.

¡Ay! A papá le dé la papaya.

A la Manuela dale una mala.

A lo loco lo colocó Lola.

A mamá le mima. A mí me la mama.

A ti: cama, mamacita.

¿Acaso comeré mocos acá?

Adán no cede con Eva y Yavé no cede con nada.

Adela ya le da.

¡Ah, Satanás! ¿Amas a Natasha?

Amor es arte, lo sé. Bésole trasero, ma.

Échele leche.

Esa cola alócase.

Esa mota tómase

Ese loro rólese.

Ese moco cómese.

No mama eso.
No sea mamón

Olaf, Edipo pide a mamá, Edipo no pide falo.

¿Óvalo? Lo lavo.

Sara, a la rusa rasúrala a ras.

Seno por poco propones.

Sexo. Box es.

Yo, Herculano, lucro poco. Por culona lucré hoy.

Pajareros

Creo que todo comenzó con el descubrimiento de pájaro que le prende fuego a los sembradíos: **el pájaro quema-máiz** (que **mamáis**); de ahí en adelante se han multiplicado los hallazgos de la ciencia pajaril o pajarera, mejor conocida como ornitología; entre los más recientes están varios pájaros muy meones:

El que se orina en las patas de los felinos: EL PÁJARO MEA GARRAS (ME AGARRAS).

El que se orina cuando hay rayos y truenos: EL PÁJARO ME ATORMENTAS.

El que se orina en la sección femenil de los sanatorios mentales: EL PÁJARO MEA LOCAS.

El que se orina en las mujeres de nariz pequeña: EL PÁJARO MEA CHATAS.

El que no puede orinar a chorros: EL PÁJARO MEA GOTAS.

El que se orina en los exámenes escolares: EL PÁJARO MEA PRUEBAS.

El que se orina en cualquier objeto: EL PÁJARO MEA COSAS.

El que se orina en las bañeras: EL PÁJARO MEA TINAS.

El que se orina en las mujeres con esnórkel: EL PÁJARO MEA BUZAS.

El que se orina en las mujeres de gran altura: EL PÁJARO MEA GIGANTAS.

10.

Entonces quedamos que el albur funciona...

Y a mero terminamos de echarnos esta vaina. O sea, este libro, pues, así que se impondría darles un repaso de todo lo que les ha tocado recibir, desde la introducción y hasta este momento, pero mejor les voy a abrir nuevas perspectivas al tiempo en que les recalco ciertos puntos.

ASÍ QUE SIN MÁS, PARA LAS OREJAS, ABRE BIEN EL OJO Y PRÉSTAME TU ATENCIÓN, QUE AHÍ TE VA DE NUEVO:

1. Aunque el diálogo alburero a veces parece no tener sentido, eso no importa porque no se trata de comunicarse y ya, sino de ensartarse al interlocutor. Para ello, como hemos recalcado, entre las herramientas disponibles está la ambigüedad. Por ejemplo cuando se dice:

¿A qué entra

hora te la cruda?

Hay dos interpretaciones posibles: ¿cuándo sientes la resaca? y, sin interrogación: te penetra la pescuezona. Lo mismo cuando se dice:

Se le paró en pleno centro. Puede interpretarse que se le descompuso el automóvil, que tuvo un paro cardiaco o al miembro viril en erección.

Otro ejemplo, ahora con un "pito", que igual designa en el español de México una flauta que al miembro característico del sexo masculino: en *La vida inútil de Pito Pérez*, célebre novela de José Rubén Romero, el protagonista se pone existencial y reconoce que:

"Soy un que no jamás

pito inquieto encontrará acomodo."

2. Hemos establecido también que en el albur no vale la ortografía, sino cómo se escucharía en el lenguaje hablado; depende más del oído que los ojos, pues, y por ello se vale de diversos mecanismos verbales.

Un gran ejemplo es cuando en la canción "La tienda de mi pueblo" Chava Flores dice:

Desde ocotes traer...

Apizaco ¡ay! / mandaba

(zaco = saco; ¡ay! ocotes = ayocotes = frijoles: **te saco los frijoles**; te la meto por el culo)

Aprovecho para recordarles que, de paso, además de ejercitar las neuronas, cuando albureamos también aprendemos mucho sobre las palabras en general.

Otro ejemplo, que claramente depende de cómo se pronuncia, es:

No es lo mismo "John, el papá de Carmela", que

"el papá John (papayón) de Carmela".

Un ejemplo más, que claramente depende de cómo se pronuncia, es:

No te vayas, que va a haber galletas.

(= va verga lletas (porque así se escucharía al pronunciarlo) = va a haber verga)

Este mismo albur tiene diversas variantes: va a haber gansitos, va a haber gallinas, garbanzos, gallos, ganas...

Y para finalizar, estas inocentísimas preguntas:

¿Quieres a Karla?
(= ¿Quieres sacarla?)

¿Quieres a Carmela?
(= ¿Quieres sacármela?)

¿Quieres a Carlos?
(= ¿Quieres sacarlos?)

La interpretación de qué se pretende sacar queda a su cargo.

3. Es común, y muy divertido, utilizar refranes y dichos de intención picaresca, pero la mayor parte no contienen albures, pues no llevan encubierto un doble sentido.
Aquí algunas muestras:

"la cómoda de tu hermana" que "acomódame a tu hermana".

es

"el Consulado General de Chile" que "un general con su chile de lado".

mismo

4. Cuando ya se tiene práctica, se puede alburear hasta en verso, como podrán notar en este caso de la vida real, que se titula:

Soplándome un pito

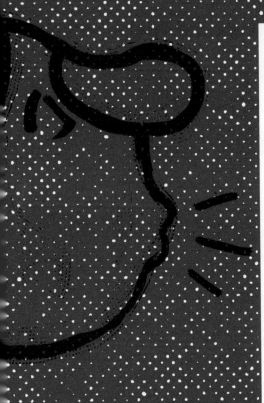

Buenas las tengan, señores, ya que sentados están.
Espero no echen suspiros por lo que voy a contar,
pues el lugar es muy chico y cualquiera podrá escuchar.

Paseando yo por Tepito con el fin de regatear,
buscaba nomás un pito para poder saludar,
ya que por más que chiflo nadie me alcanza a escuchar.
¡Cuán grande fue mi sorpresa al intentar preguntar
por el pito más potente que existiera en el lugar!
"No busque más, mi señora, yo aquí le tengo el mejor,
voy a darle muy buen precio, y pa' que regrese, pilón."

Ni tarda ni perezosa aproveché la soplada,
pues no cualquiera te ofrece, a la primera, probada.
Pero al querer comprobar la potencia pregonada
lo único que logré fue quedarme... re-agotada,
pues por más que le soplé, aquello ya no sonaba.

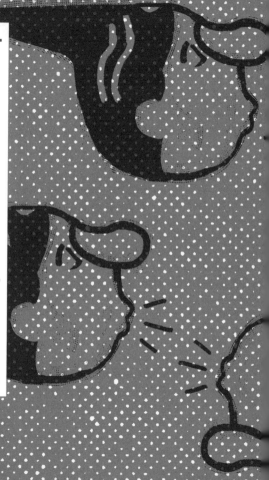

Decepcionada del chasco que con eso me llevé,
opté por irme con calma: ¡total!, si tanto tiempo esperé...
Y entre el pregón de los puestos, con uno quedé intrigada:
"¡Con este ya no podrá quedar usted más turbada,
pues su tremenda potencia a todos hará voltear!"
Pa' no llevarme otro chasco y con ganas de comprar
pedí de nuevo la muestra para poder comprobar.
Ofendido, el comerciante a los ojos me miró
y altanero replicó: "si quiere testificar, antes tendrá que pagar".
Mire si salió abusado, ya me la quiere voltear,
pero eso han querido muchos y no me pienso dejar.

Proseguí pues mi camino, y ya cansada de buscar
decidí de nueva cuenta a la gente preguntar,
y me dirigí a una dama que no paraba de gritar:
"¿Qué talla, joven, qué talla? ¿Lo que guste aquí hallará!"

66 Disculpe la interrupción, sólo quiero averiguar si acaso
    sabe por dónde un buen pito podré hallar."
Sorprendida, la mujer mis motivos preguntó;
yo le expliqué con detalle y ella sólo contestó:
"Aquí los mejores pitos bien apartados ya están,
pues son los más socorridos y no los van a soltar;
sin embargo yo le digo que pa' qué tanto buscar:
a falta de pito, dedos, siempre y cuando los sepa usar."

Por supuesto, la respuesta impactada me dejó,
    y más cuando la marchanta con sus dedos me sopló.
Y después de las lecciones que sin dudar le pedí,
ahora soy una experta y hasta a chiflar aprendí.

¿Todo en orden?
¿Vamos bien o nos
regresamos?
Yo pregunto nomás
por pura decencia,
pues confío en que
se están divirtiendo
tanto como yo. Así
pues, para terminar
este capítulo y el
necesario repaso, dejo
aquí una lista de
requisitos del albur:

Intercambio
verbal oral.

No utilizar
insultos,
groserías,
ni palabras
malsonantes
u obscenas.

Contestar con rapidez; si te lo piensas mucho, pierdes.

No se deben repetir frases completas: pero se valen palabras repetidas.

¡Va a ver...

Siempre debe haber alusiones ocultas al sexo, en cualquiera de sus variantes.

El albur es un juego, así que siempre habrá un perdedor y un ganador, pero ambos se divertirán.

Para alburear se necesita habilidad verbal, gran agilidad mental y mucha sagacidad, además de conocer muchas palabras y sus diversos significados.

Si ya desarrollaron destreza, pueden alburear con rima; todo es cuestión de echarle cabeza (y ustedes responden: "te la encajo con destreza").

Epílogo: albureando, que es gerundio

Y llegamos al final. Espero que todo mundo se venga contento y nadie esté con la lengua de fuera por el esfuerzo. Ya nomás me resta decirles algunas cosas que no les pude acomodar antes, como por ejemplo, que el albur puede surgir a través de cualquier clase de palabras, incluso las más "inocentes", así que el repertorio de posibilidades es inmenso. Todo depende de la creatividad, la habilidad verbal y la riqueza de lenguaje de cada individuo.

Y, DESDE LUEGO, TAMBIÉN DE SU PICARDÍA; DE SU ESPÍRITU JODITIVO Y GANAS DE JUGAR CON LAS PALABRAS:

–Te busca Andrés.

–¿Cuál Andrés?

–El que te atornilló a las tres.

–Buenas las tengas.

–Y mejor las pases.

También me faltaba decirles algo sobre ciertas palabras que se han estado usando a lo largo de este libro. Un pícaro se definía hace muchos años como una persona que confía en su ingenio y astucia para ganarse la vida, y puede recurrir para ello al ardid, el engaño, la trampa ingeniosa, pero también a su habilidad con las palabras. Ejemplos de esta clase de picardía son casi todas las películas del gran Tin Tan, nuestro Pachuco de Oro, y las primeras de Cantinflas. Un pícaro no era un delincuente profesional, sino, generalmente, una persona de buen corazón, sin experiencia, al que la vida trata mal y por ello debe avispar su inteligencia para sobrevivir. Actualmente se le llama pícaro a una persona simpática, de carácter alegre, traviesa, con cierta malicia e ironía.

Y de seguro ya saben que para mí el albur es un ajedrez mental: abro una puerta para ganarte un peón, tú me contestas colocando una reina y me dices "ya te gané", pero a lo mejor te reviro con un alfil que ni te sospechabas... y eso es lo bonito, el combate de inteligencias. Ya quedamos en que no es nomás un duelo de espadazos y en que por eso mismo la práctica alburera no hace distinciones de sexo, género, clase social, posición económica, preferencia sexual, credo y otras zarandajas. El albur es democrático e incluyente, pues, y su intención es combativa, nunca ofensiva; así, por ejemplo, cuando se dice "el coyote cojo de las nalgas" pintas, no se piensa en coger, pues el albur no es para hacer cerebro, sino para hacer reír.

Muchas personas confunden las groserías con el albur, porque el albur hace referencia al sexo, y consideran que eso es vulgar. Nos toca, de ahora en adelante, no hacerles el menor caso, o mejor, invitarlas a aprender. Como ya saben, no es tan difícil como parece, se la pasa una muy bien y a la larga se aprenden tanto palabras como datos curiosos. Por ejemplo, ¿sabían que el insigne poeta José Juan Tablada sacaba a relucir su gordo trazo de creatividad e ingenio aprovechando anuncios que aparecían en los diarios, de los cuales hacía parodias como ésta?:

Jóvenes que andáis en brama,

niñas al amor dispuestas,

¡conseguid pronto una cama

de las que fabrica Mestas!

Pareja recién casada,

si en la cama duermes siestas

y no rechina por nada,

es que la fabricó Mestas

y está bien atornillada...

No puedo dejar el teclado sin decirles un par de cosas más:

1. Los pequeños libros que escriben los hombres se llamarían **testículos**, y los que escribimos las mujeres, **opúsculos**. Así que ya saben lo que es esta obra; la diferencia entre los hombres y las mujeres es que los primeros son masculinos y las segundas, masculonas. Pero aun en este terreno salimos ganando: ellos tienen dos testículos y nosotras dos o-varios.

2. El lujo que se pueden dar si saben de albures, independientemente de lo que la sociedad "culta" diga, es que son unos expertos con las palabras, que saben darles la vuelta, modificar su significado, torcerles la intención y hasta inventarlas o reinventarlas. Tengan confianza y láncense al ruedo. Albureen sin temor y sin culpa. Albureando, que es gerundio, damas y caballeros.

Cada que te veo, palpito de Lourdes Ruiz y Miriam Mejía
se terminó de imprimir en diciembre de 2018
en los talleres de
Litográfica Ingramex, S.A. de C.V.
Centeno 162-1, Col. Granjas Esmeralda, C.P. 09810
Ciudad de México.